Inhalt

Emotionale Intelligenz:

Für mehr Erfolg in deinem Leben und Beruf, Verbesserte Kommunikation

und Sozialkompetenz. Mehr Glück und Zufriedenheit

Brady Veeravalli

1 Einleitung - Warum Emotionale Intelligenz

Wir kennen wahrscheinlich alle Menschen, entweder auf der Arbeit oder in unserem persönlichen Leben, die wirklich gute Zuhörer sind. Egal in welcher Situation wir sind, sie scheinen immer zu wissen, was sie sagen sollen - und wie sie es sagen - damit wir nicht beleidigt oder verärgert sind. Sie sind fürsorglich und rücksichtsvoll, und selbst wenn wir keine Lösung für unser Problem finden, fühlen wir uns normalerweise hoffnungsvoller und optimistischer.

Lerne, wie du deine emotionale Intelligenz entwickeln kannst.

Wir kennen wahrscheinlich auch Leute, die Meister darin sind, ihre Emotionen zu managen. Sie werden in stressigen Situationen nicht wütend. Stattdessen haben sie die Fähigkeit, ein Problem zu betrachten und in Ruhe eine Lösung zu finden. Sie sind ausgezeichnete Entscheidungsträger und sie wissen, wann sie ihrer Intuition vertrauen können. Unabhängig von ihren Stärken sind sie jedoch in der Regel bereit, sich selbst ehrlich zu betrachten. Sie nehmen Kritik gut, und sie wissen, wann sie es verwenden müssen, um ihre Leistung zu verbessern.

Menschen wie diese haben einen hohen Grad an emotionaler Intelligenz. Sie kennen sich selbst sehr gut und können auch die emotionalen Bedürfnisse anderer wahrnehme

Würdest du gerne eher so sein?

Da immer mehr Menschen akzeptieren, dass emotionale Intelligenz für den beruflichen Erfolg ebenso wichtig ist wie technische Fähigkeiten, werden sie zunehmend von Organisationen genutzt, wenn sie anwerben und fördern.

Zum Beispiel hat ein großes Kosmetikunternehmen kürzlich seinen Einstellungsprozess für Verkäufer überarbeitet, um Kandidaten basierend auf ihrer emotionalen Intelligenz auszuwählen. Das Ergebnis? Leute, die mit dem neuen System eingestellt wurden, haben im Durchschnitt 91.000 Dollar mehr verkauft als Verkäufer, die unter dem alten System ausgewählt wurden. In der Gruppe, die für ihre emotionale Intelligenz ausgewählt wurde, gab es auch eine signifikant geringere Personalfluktuation.

Also, was genau ist emotionale Intelligenz, und was können Sie tun, um Ihre zu verbessern?

2 Was ist emotionale Intelligenz?

Wir alle haben unterschiedliche Persönlichkeiten, unterschiedliche Wünsche und Bedürfnisse und unterschiedliche Arten, unsere Emotionen zu zeigen. Das Navigieren durch dieses alles erfordert Takt und Klugheit - besonders wenn wir hoffen, im

Leben erfolgreich zu sein. Hier wird emotionale Intelligenz wichtig.

Emotionale Intelligenz ist die Fähigkeit, deine Emotionen zu erkennen, zu verstehen, was sie dir sagen, und zu erkennen, wie sich deine Emotionen auf Menschen in deiner Umgebung auswirken. Es beinhaltet auch Ihre Wahrnehmung von anderen: Wenn Sie verstehen, wie sie sich fühlen, können Sie Beziehungen effektiver verwalten.

Menschen mit hoher emotionaler Intelligenz sind in den meisten Fällen erfolgreich. Warum? Weil sie diejenigen sind, die andere in ihrem Team haben wollen. Wenn Menschen mit hoher emotionaler Intelligenz eine E-Mail senden, wird diese beantwortet. Wenn sie Hilfe brauchen, bekommen sie es. Weil sie anderen das Gefühl geben, sich gut zu fühlen, gehen sie viel leichter durchs Leben als Menschen, die leicht verärgert sind Merkmale der emotionalen Intelligenz

In seinem Buch "Emotionale Intelligenz" (1995) entwickelte Daniel Goleman, ein amerikanischer Psychologe, einen Rahmen von fünf Elementen, die emotionale Intelligenz definieren:

Selbstbewusstsein - Menschen mit hoher emotionaler Intelligenz sind normalerweise sehr selbstbewusst

Sie verstehen ihre Gefühle und lassen sich deshalb nicht von ihren Gefühlen beherrschen. Sie sind zuversichtlich - weil sie ihrer Intuition vertrauen und ihre Emotionen nicht außer Kontrolle geraten lassen.

Sie sind auch bereit, sich selbst ehrlich zu betrachten. Sie kennen ihre Stärken und Schwächen und arbeiten in diesen Bereichen, damit sie besser arbeiten können. Viele Menschen glauben, dass dieses Selbstbewusstsein der wichtigste Teil der emotionalen Intelligenz ist.

Selbstregulation - Dies ist die Fähigkeit, Emotionen und Impulse zu kontrollieren

Menschen, die sich selbst regulieren, lassen sich normalerweise nicht zu wütend oder eifersüchtig werden, und sie treffen keine impulsiven, sorglosen Entscheidungen. Sie denken, bevor sie handeln. Merkmale der Selbstregulation sind Rücksichtnahme, Behaglichkeit mit Veränderung, Integrität
und die Fähigkeit, nein zu sagen.

Motivation - Menschen mit einem hohen Maß an emotionaler Intelligenz sind in der Regel motiviert

Sie sind bereit, sofortige Ergebnisse für langfristigen Erfolg zu verschieben. Sie sind sehr produktiv, lieben eine Herausforderung und sind sehr effektiv bei allem, was sie tun.

Empathie - Dies ist vielleicht das zweitwichtigste Element der emotionalen Intelligenz

Empathie ist die Fähigkeit, sich mit den Wünschen, Bedürfnissen und Standpunkten der Menschen in Ihrer Umgebung zu identifizieren und diese zu verstehen. Menschen mit Empathie sind gut darin, die Gefühle anderer zu erkennen, selbst wenn diese Gefühle nicht offensichtlich sind. Als Ergebnis sind einfühlsame Menschen in der Regel hervorragend darin, Beziehungen zu pflegen und zuzuhören und in Bezug auf andere. Sie vermeiden es, zu schnell zu stereotypisieren und zu urteilen, und sie leben ihr Leben sehr offen und ehrlich.

Sozialkompetenz - Es ist normalerweise einfach, mit Personen zu sprechen, die über gute soziale Fähigkeiten verfügen...

...und außerdem, solche Personen zu mögen, ein weiteres Zeichen von hoher emotionaler Intelligenz. Diejenigen mit starken sozialen Fähigkeiten sind typischerweise Teamplayer. Anstatt sich zuerst auf ihren eigenen Erfolg zu konzentrieren, helfen sie anderen, sich zu entwickeln und zu glänzen. Sie sind in der Lage, Konflikte beizulegen, sind ausgezeichnete Kommunikatoren und sind Meister darin, Beziehungen aufzubauen und zu pflegen. Wie Sie bestimmt gemerkt haben, kann emotionale Intelligenz ein Schlüssel zum Erfolg in Ihrem Leben sein - besonders in Ihrer Karriere.

Die Fähigkeit, Menschen und Beziehungen zu managen, ist sehr wichtig für alle Führungskräfte. Daher kann die Entwicklung und Nutzung Ihrer emotionalen Intelligenz eine gute Möglichkeit sein, anderen den Führer in Ihnen zu zeigen. Wie Sie Ihre emotionale Intelligenz verbessern können. Die gute Nachricht ist, dass emotionale Intelligenz erlernt werden kann und entwickelt. Verwenden Sie diese Strategien, um an Ihren Fähigkeiten in den fünf obengenannten Bereichen zu arbeiten: Beobachten Sie, wie Sie auf Menschen reagieren. Hast du vor zum Gericht zu eilen, bevor du alle

Fakten kennst? Nutzt du Stereotypen? Betrachte ehrlich, wie du denkst und mit anderen Leuten interagierst. Versuche, dich an ihre Stelle zu versetzen, offener zu sein und ihre Perspektiven und Bedürfnisse zu akzeptieren. Schaue dir Ihre Arbeitsumgebung an. Suchst du Aufmerksamkeit für deine Leistungen?

Demut kann eine wunderbare Qualität sein, und das bedeutet nicht, dass du schüchtern bist oder zu wenig Selbstvertrauen hast. Wenn du Bescheidenheit übst, sagst du, dass du weißt, was du getan hast, und du kannst ruhig davon überzeugt sein. Gib anderen eine Chance zu leuchten - lege den Fokus auf sie und mach dir keine Sorgen, dass du für dich selbst Lob bekommst. Mach eine Selbsteinschätzung. Probiere einen Test zur emotionalen Intelligenz aus. Was sind Ihre Schwächen? Sind Sie bereit zu akzeptieren, dass Sie nicht perfekt sind und dass Sie in einigen Bereichen arbeiten können, um sich selbst besser zu machen? Habe den Mut, ehrlich auf dich zu schauen - das kann dein Leben verändern. Prüfe, wie du auf Stresssituationen reagierst. Bist du jedes Mal verärgert, wenn eine Verzögerung eintritt oder etwas nicht so geschieht, wie du es möchtest? Beschuldigen Sie andere oder werden Sie wütend auf sie, auch wenn es nicht ihre Schuld ist? Die Fähigkeit, in schwierigen Situationen ruhig zu bleiben und die

Kontrolle zu behalten, wird hoch geschätzt - in der Geschäftswelt und außerhalb. Behalte deine Emotionen unter Kontrolle, wenn etwas schief läuft.

Übernimm Verantwortung für deine Handlungen. Wenn du die Gefühle von jemandem verletzt hast, entschuldige dich direkt - ignoriere nicht, was du getan hast oder meide die Person. Menschen sind in der Regel eher bereit zu vergeben und zu vergessen, wenn Sie einen ehrlichen Versuch machen, die Dinge richtig zu machen. Prüfen Sie, wie Ihre Handlungen andere beeinflussen - bevor Sie diese Maßnahmen ergreifen.

Wenn sich Ihre Entscheidung auf andere auswirkt, stellen Sie sich an ihre Stelle.

Wie werden sie sich fühlen, wenn Sie das tun? Würdest du diese Erfahrung wollen?

Wenn Sie die Maßnahme ergreifen müssen, wie können Sie anderen helfen, mit den Auswirkungen umzugehen?

Zusammenfassung Emotionale Intelligenz

"Emotionale Intelligenz ist Ihre Fähigkeit, Emotionen in sich selbst und anderen zu erkennen und zu verstehen, und Ihre Fähigkeit, dieses

Bewusstsein zu nutzen, um Ihr Verhalten und Ihre Beziehungen zu steuern."

Emotionale Intelligenz ist so etwas wie die andere Art von “Smart”.

Als die emotionale Intelligenz 1995 den Massen zum ersten Mal durch Goleman erschien, diente sie als das fehlende Glied in einem speziellen Befund: Menschen mit durchschnittlichem IQ übertreffen die mit dem höchsten IQ 70% der Zeit. Diese Anomalie warf ein gewaltiges Schlaglicht auf das, was viele Leute in der Neuzeit für die einzige Quelle des Erfolgs gehalten hatten - IQ. Jahrzehntelange Forschungsergebnisse deuten darauf hin, dass emotionale Intelligenz der entscheidende Faktor ist, der die Star-Performer vom Rest des Rudels abhebt. Emotionale Intelligenz ist das "Etwas" in jedem von uns, das ein bisschen unfassbar ist. Es beeinflusst, wie wir das Verhalten steuern, die soziale Komplexität steuern und persönliche Entscheidungen treffen, die zu positiven Ergebnissen führen. Emotionale Intelligenz besteht aus den vorgenannten Kernkompetenzen, die unter zwei primären Kompetenzen zusammengefasst sind: persönliche Kompetenz und soziale Kompetenz.

Persönliche Kompetenz besteht aus Ihren Selbstmanagementfähigkeiten

Persönliche Kompetenz besteht aus Ihren Selbstmanagementfähigkeiten, die sich mehr auf Sie als auf Ihre Interaktionen mit anderen Menschen konzentrieren. Es ist Ihre Fähigkeit, sich Ihrer Emotionen bewusst zu bleiben und Ihr Verhalten und Ihre Neigungen zu steuern.

Selbsterkenntnis ist deine Fähigkeit, deine Emotionen genau wahrzunehmen und sie während des Geschehens wahrzunehmen.

Selbstmanagement ist Ihre Fähigkeit, das Bewusstsein für Ihre Emotionen zu nutzen, um flexibel zu bleiben und Ihr Verhalten positiv zu steuern.

Sozialkompetenz setzt sich aus Ihren Fähigkeiten in Bezug auf soziales Bewusstsein und Beziehungsmanagement zusammen; Soziale Kompetenz ist Ihre Fähigkeit, die Stimmungen, das Verhalten und die Motive anderer zu verstehen, um die Qualität Ihrer Beziehungen zu verbessern.

Social-Awareness, die Soziale Achtsamkeit ist deine Fähigkeit, Emotionen in anderen Menschen genau zu erfassen und zu verstehen, was wirklich vor sich geht.

Beziehungsmanagement (Relationship Management) ist Ihre Fähigkeit, das Bewusstsein für Ihre und die Emotionen anderer zu nutzen, um Interaktionen erfolgreich zu managen.

3 Emotionale Intelligenz, IQ und Persönlichkeit sind verschieden voneinander.

IQ: Emotionale Intelligenz greift auf ein grundlegendes Element menschlichen Verhaltens zurück, das sich von Ihrem Intellekt unterscheidet. Es gibt keine bekannte Verbindung zwischen IQ und emotionaler Intelligenz; Sie können emotionale Intelligenz einfach nicht voraussagen, basierend darauf, wie intelligent jemand ist. Intelligenz ist Ihre Fähigkeit zu lernen, und das ist im Alter von 15 genauso wie im Alter von 50 Jahren.

Emotionale Intelligenz hingegen ist eine flexible Sammlung von Fähigkeiten, die mit Übung erworben und verbessert werden können. Obwohl manche Menschen von Natur aus emotional intelligenter sind als andere, können Sie eine hohe emotionale Intelligenz entwickeln, selbst wenn Sie nicht damit geboren sind.

Persönlichkeit ist das letzte Stück des Puzzles. Es

ist der stabile "Stil", der jeden von uns definiert. Persönlichkeit ist das Ergebnis von fest verdrahteten Vorlieben, wie der Neigung zur Introversion oder Extraversion. Wie IQ kann Persönlichkeit jedoch nicht zur Vorhersage emotionaler Intelligenz verwendet werden. Ebenso wie der IQ ist die Persönlichkeit lebenslang stabil und ändert sich nicht. IQ, emotionale Intelligenz und Persönlichkeit decken jeweils einen einzigartigen Grund und helfen zu erklären, was eine Person ticken lässt.
Emotionale Intelligenz ist mit Leistung verbunden.

4 Moderne vs. Antike Sichtweise auf Emotionale Intelligenz

Wohingegen die moderne Sichtweise auf Emotionale Intelligenz 1995 geprägt und in das Scheinwerferlicht der Öffentlichkeit gehoben wurde, gibt es bereits seit Urzeiten Wissen um ein höheres Bewusstsein, Selbsterkenntnis und Emotionen.

In der 5000 Jahre alten, mystisch anmutenden, aber vollkommen wissenschaftlich fundierten Schrift Bhagavad Gita wird im Prinzip mehr beschrieben, als in der Neuzeit bekannt ist.

Der Geist, wird als Mischung aus Fühlen, Denken

und Wollen beschrieben.

Er kann drei verschiedene natürliche Erscheinungsweisen in Wechselwirkung mit den Sinnes Objekten, die man über die Sinnesobjekte wahrnimmt, annehmen.

Klartext: Isst man Obst und Gemüse, ist dies der Nährboden für einen Geist in einem klaren, friedvollen Zustand.

Isst man scharf gewürzte Speisen, wie mit Knoblauch, Zwiebeln und Geschmacksverstärker, wird dies Leidenschaft und Lust wecken, die sich natürlich auf Fühlen, Denken, Wollen auswirken.

Isst man immer abgestandene Speisen oder "Dosenfutter" ohne viel Nährwert und Lebenskraft, so wird einen dies in die Erscheinungsweise der Trägheit, verbunden mit einem langsamen funktionierenden Geist versetzen.

Die eigentliche Persönlichkeit, ist nicht sein Gefühl oder sein Wille, sondern die Seele, die quasi als die lenkende Person in seinem Körper die Zügel per Intelligenz in der Hand hält und alles, angefangen von seinen Wünschen, bis hin zur Ausübung einer Tat hin, steuert.

Ärger wird als einer der sechs Drange beschrieben, die durch nicht Erfüllung von Erwartungshaltungen, auftritt.
Im Weiteren werden die sechs Feinde des Geistes beschrieben, wie Lust, Ärger, Neid/Eifersucht, Gier, Stolz, Anhaftung.

Die Empfehlung in dem bekannten poetischen Gespräch, welches zwischen Krishna und Arjuna stattfindet, lautet den Geist zu regulieren und zu trainieren. Vor allem geschieht dies per Mantra Meditation, die über die Grenzen des Hirns, der üblichen Logik und rationaler Konditionierung hinweg, per Klangschwingung eine Reinigung des Herzen bewirkt.

Wieder zurück im Zeitalter von Technik und Industrie, mag sich der ein oder andere fragen, wie stark wirkt sich emotionale Intelligenz auf den beruflichen Erfolg aus? Die kurze Antwort ist: stark! Es ist ein kraftvoller Weg, um Ihre Energie in eine Richtung mit einem enormen Ergebnis zu konzentrieren. Ihre emotionale Intelligenz ist die Grundlage für eine Vielzahl kritischer Fähigkeiten - sie beeinflusst fast alles, was Sie jeden Tag sagen und tun.

Von allen Menschen, die wir bei der Arbeit untersucht haben, haben wir herausgefunden, dass 90% der Leistungsträger auch eine hohe emotionale Intelligenz besitzen. Auf der anderen Seite sind nur 20% der Leistungsträger emotional intelligent. Sie können ohne emotionale Intelligenz ein Top-Performer sein, aber die Chancen sind gering.

Natürlich verdienen Menschen mit einem hohen Maß an emotionaler Intelligenz mehr Geld - durchschnittlich 29.000 Euro pro Jahr mehr als Menschen mit einem niedrigen Grad an emotionaler Intelligenz. Die Verbindung zwischen emotionaler Intelligenz und Einkommen ist so direkt, dass jeder Punkt Anstieg der emotionalen Intelligenz 1.300 Euro zu einem Jahresgehalt hinzufügt. Diese Erkenntnisse gelten für Menschen in allen Branchen, auf allen Ebenen, in jeder Region der Welt. Wir haben noch keine Stelle gefunden, bei der Leistung und Bezahlung nicht eng mit der emotionalen Intelligenz verbunden sind.

Emotionale Intelligenz kann entwickelt werden.

Die Kommunikation zwischen Ihrem emotionalen und rationalen Geist ist die physische Quelle der emotionalen Intelligenz. Der Weg zur emotionalen Intelligenz beginnt im Gehirn, am Rückenmark. Die primären Sinne treten hier ein und müssen zur Vorderseite deines Gehirns wandern, bevor du vernünftig über deine Erfahrung nachdenken kannst. Zunächst reisen sie jedoch durch das limbische System, den Ort, an dem Emotionen erzeugtwerden. Wirhaben also eine emotionale Reaktion auf Ereignisse, bevor unser rationaler Verstand sich darauf einlassen kann. Emotionale Intelligenz erfordert eine effektive Kommunikation zwischen den rationalen und emotionalen Zentren des Gehirns. "Plastizität" ist der Begriff, mit dem Neurologen die Fähigkeit des Gehirns beschreiben, sich zu verändern. Dein Gehirn entwickelt neue Verbindungen, wenn du neue Fähigkeiten lernst. Die Veränderung ist graduell, da Ihre Gehirnzellen neue Verbindungen entwickeln, um die Effizienz neuer erworbener Fähigkeiten zu beschleunigen. Durch Strategien zur Steigerung Ihrer emotionalen Intelligenz können die Milliarden von mikroskopischen Neuronen, die den Weg zwischen den rationalen und emotionalen Zentren Ihres Gehirns säumen, klein abzweigen "Arme" (ähnlich wie ein Baum), um die anderen Zellen zu erreichen. Eine einzelne Zelle kann 15.000 Verbindungen mit ihren Nachbarn aufbauen. Diese Kettenreaktion des Wachstums sorgt dafür, dass dieses neue Verhalten in Zukunft leichter in die Tat umgesetztwerden kann. Sobald Sie Ihr Gehirn trainieren, indem Sie immer wieder neue Strategien für emotionale Intelligenz anwenden, werden emotional intelligente Verhaltensweisen zu Gewohnheiten. Emotionale Intelligenz kann entwickelt werden. Die Kommunikation zwischen ihren emotionalen und rationalen "Gehirnen" ist die physikalische Quelle der emotionalen Intelligenz. Der Weg zur emotionalen Intelligenz beginnt im Gehirn, am Rückenmark. Deine primitiven Sinne sind hier und gehen auf die Vorderseite Ihres Gehirns, bevor Sie vernünftig über Ihre Erfahrung nachdenken können. Zunächst reisen sie jedes durch das limbische System, den Ort, ein dem Emotion erzeugt werden. Wir haben auch eine emotionale Reaktion auf Ereignisse, vor unserem rationalen Verständnis können wir sagen.

Der beste Weg, um Ihre emotionalen Fähigkeiten zu verbessern, ist durch Übung in der realen Welt. Durch Übung und Feedback zu Ihrer Leistung, vorzugsweise durch einen erfahrenen Coach, können Sie Ihr Verhalten anpassen und Ihre eigenen Emotionen sowie die Emotionen anderer effektiver erkennen und verwalten.

Jeder hat Aspekte seines Lebens, die er verbessern kann. Hier sind einige Möglichkeiten, wie Sie an Ihrer emotionalen Intelligenz arbeiten können, damit Sie in Ihrer jeweiligen Situation proaktiv etwas verändern können. Obwohl jede der Fähigkeiten Ihnen auf irgendeine Weise helfen kann, können Sie einige Fähigkeiten wichtiger als andere finden, abhängig von Ihrer aktuellen Situation. Dies führt zu einem selbstbestimmterem

Leben, in dem es weniger Grund zum Resignieren gibt.

5 Werde selbstbewusster

Einer der Kernbereiche der emotionalen Intelligenz ist das Selbstbewusstsein. In vielerlei Hinsicht ist dieser Bereich der Eckpfeiler aller anderen Bereiche. Um sich beispielsweise der Emotionen anderer bewusst zu sein, müssen Sie sich zunächst erstmal Ihrer eigenen Emotionen bewusst werden.

Du kannst deine Gefühle durch verschiedene Formen von Übungen, Meditation oder Achtsamkeit bewusster machen. Indem Sie sich für einen Kurs anmelden, einer Gruppe beitreten oder einen Lehrer anstellen, können Sie diese Techniken nutzen, um sich Ihres Körpers, Ihrer Gefühle und Ihrer Gedanken bewusst zu werden.

Einige praktische Anregungen,

die leicht im Alltag geübt werden können:

Tagebuch für größere Bandbreite von Vokabeln führen

Sie können auch selbstbewusster werden, indem Sie Ihr Notizbuch zu verschiedenen Zeitpunkten verwenden, um Ihre Gefühle aufzuzeichnen. Indem Sie Ihr emotionales Vokabular erweitern und es bewusst anwenden, um Ihre gesamte Bandbreite von Gefühlen zu verschiedenen Teilen des Tages zu beschreiben, können Sie herausfinden, wie Sie Ihren Emotionen mehr Aufmerksamkeit schenken können und sich darüber, über selbige bewusster werden.

Blockaden bewusst machen

Nehme wahr, wann immer dich etwas davon abhält in die Gefühlswelt deines Gesprächspartners abzutauchen. Analysieren, bewerten, massregeln, Beraten sind nur wenige der denkbaren Stolpersteine.

Intensität der Emotionen messen

Denken Sie nicht nur an Ihre Emotionen, sondern auch an deren Intensität.
Bewerten Sie Ihre Emotionen auf einer Skala von 1 bis 10. Je besser Sie Ihre Emotionen messen, desto leichter können Sie sie überwachen und verändern. Drücke deine Gedanken, Gefühle und Überzeugungen aktiv aus. Teile dich deiner Umwelt mit.

Zu wissen, wie man seine Emotionen ausdrückt, kann oft helfen, diese Emotionen zu managen. Sie können natürlich alles unterdrücken und Ihre wirklichen Gedanken, Gefühle oder Überzeugungen nicht mit anderen teilen. Aber es ist nicht nur schwierig, dies immer wieder zu tun, so als drücke man einen luftgefüllten Ball unter Wasser, es ist auch ein sehr einsames Leben. Unterdrückte Gefühle verursachen laut dem alten vedischen Wissen, Ayurveda, körperliche Krankheiten.

Zusammen alleine

Niemand lernt dich so wirklich kennen, und du lernst auch andere nicht sehr gut kennen.
Alle Menschen teilen den Wunsch, intime Beziehungen mit zumindest einigen vertrauenswürdigen Menschen zu haben. Dass dieser Austausch in einer Ich-bezogenen

Gesellschaft, in den westlichen Ländern stark abhanden gekommen ist, führt zu vielen Problemen. Anstatt uns dem zu ergeben, können wir uns jedoch dafür entscheiden, voll und ganz unseren und den Emotionen anderer hinzugeben - ohne Vorbehalte darüber ob diese Gefühle nach gesellschaftlichen Konventionen "gut" oder "schlecht" sein mögen.

"Frei von der Leber"

Auf der anderen Seite könnten Sie auch wählen, Ihre innersten Gedanken, Gefühle und Überzeugungen offen für alle frei herauszuplaudern. Dieser Ansatz kann auch ein Fehler sein. Zuallererst interessieren sich einige Leute nicht wirklich für Ihre Gedanken und Gefühle. Zweitens könnten andere durch Ihre Offenbarungen beleidigt sein oder sie unhöflich finden.

Assertive, durchsetzungsstarke Kommunikation

Streben Sie nach einem Mittelweg, genannt Durchsetzungsvermögen. Durchsetzungsvermögen ist das angemessene Teilen von Gedanken, Gefühlen und Überzeugungen. Grundsätzlich müssen Sie die richtigen Personen zur richtigen Zeit wissen lassen, wo Sie selbst stehen.

Entdecke deine inneren Leidenschaften

Jeder tendiert dazu, von Tag zu Tag seiner Arbeit nachzugehen und zu tun, was er tun muss. Aber wie viele Leute sind wirklich begeistert von der Arbeit, die sie leisten? Viele Menschen haben das Gefühl, dass sie in ihren Jobs stecken bleiben. Aber jemand hat sie nicht einfach dort platziert, wo sie sind. In der Regel folgen Menschen, indem sie Möglichkeiten oder Geld verfolgen, der Art von Arbeit, die sie tun.

Nur wenige Menschen bemühen sich, die Art von Arbeit zu leisten, die sie wirklich reizt und versuchen ihrer wahren Natur zu folgen.
Die meisten Menschen haben eine Leidenschaft für irgendeine Art von Arbeit, Aktivität oder Interesse, die ihnen natürlich, leicht von der Hand geht und automatisch eine gewisse Art von Erfolg erzeugt. Vielleicht kennen Sie einige hungernde Künstler, die normale Jobs meiden, um ihre Träume wahr werden zu lassen. Sie werden vielleicht nicht in der Lage sein, direkt die richtige Arbeit zu finden, die Sie leidenschaftlich mögen, aber mit der richtigen Planung, sowie etwas Mut und Hingabe, können Sie es tatsächlich schaffen. Es ist jederzeit lohnenswert dafür zu kämpfen, die eigene Berufung zu finden, da ein freier Energiefluss viel Motivation schafft und innere

Blockaden nimmt, die einen daran hindern, sich selbst zu einem besseren “Ich” zu transformieren.

Kenne deine Stärken und Schwächen

Manche Leute scheinen zu denken, dass sie in allem gut sind. Andere unterschätzen ständig ihre Stärken. Die ideale Situation besteht natürlich darin, Ihre Stärken und Schwächen genau zu kennen. Sich selbst zu kennen hilft dir, Entscheidungen im Leben zu treffen. Wenn Sie sich zum Beispiel auf Ihre Stärken konzentrieren, können Sie mehr von dem bekommen, was Sie aus Ihrem Leben erwarten.

Die Dinge zu verfolgen, in denen du gut bist und eine Leidenschaft hast ermöglicht dir ein reicheres und erfüllteres Leben. Indem Sie sich auf Schwachstellen konzentrieren, neigen Sie dazu, sich davon abzuhalten, das meiste aus Ihrem Leben herauszuholen, es sei denn, sie beeinträchtigen Ihr Leben stark und aktive Handlung ist geboten.

Wenn Sie Entscheidungen treffen müssen, sollten Sie auf ihre innere Stimme hören. Bestimmte Entscheidungen fühlen sich gut an, und andere können Ihnen ein mulmiges Gefühl geben. Sie können diese Gefühle als Botschaften direkt aus Ihrem Herzen betrachten, im Gegensatz zu Botschaften die Kopfgesteuert gesendet werden.

Menschen werden oft von ihrem emotionalen Wissen geleitet, über dass sie sich vielleicht nicht vollständig bewusst sind. Es kommuniziert sozusagen die Überseele mit der Seele.

6 Empathie entwickeln: In den Schuhen der anderen Person wandeln

Empathie ist eine extrem starke Emotion. Die meisten erfolgreichen Politiker (wie Bill Clinton), Philanthropen (wie Prinzessin Diana), Medienpersönlichkeiten (wie Oprah) und Führer in der Gemeinschaft, sowie in der Geschäftswelt sind empathisch.

Wenn Sie Ihre Fähigkeit zur Empathie erhöhen wollen, folgen Sie den folgenden Übungen. So können Sie sich anderen näher bringen, ihre Unterstützung gewinnen, wenn Sie sie brauchen, und potenziell hoch belastete Situationen entschärfen. Indem du einer anderen Person zeigst dass du wirklich verstehst wo er sich gerade emotionstechnisch befindet, entwickelst du ein gewisses Maß an Respekt. Du zeigst zum Beispiel, dass du nicht egozentrisch bist. Versuche, empathischer zu sein, indem du anderen Leuten mehr Aufmerksamkeit schenkst. Hören Sie gut zu, wenn Sie mit jemandem kommunizieren.

1. Höre zu, anstatt zu hören

Empathische Zuhörer hören nicht nur die Unterhaltung. Sie hören zu. Zuhören beinhaltet Konzentration und konzentrierte Anstrengung. Zuhören bedeutet, auf die Geschichte der anderen Person, den Gebrauch von Sprache, Stimme und Körpersprache zu achten.
Sie sind sich der verbalen und nonverbalen Botschaften bewusst, die weitergeleitet werden. Empathisches Zuhören ist jedoch kein passiver Prozess. Sie müssen engagiert und aktiv in der Konversation bleiben.

Steve Covey hat ein berühmtes Zitat geäußert, das besagt: "Suche zuerst, dann verstehe", was das ultimative Ziel des Zuhörens ist. Sie müssen an die Botschaft denken, die aus der Perspektive des Sprechers weitergegeben wird, ohne Ihre eigenen Meinungen und Beurteilungen einzubringen.

Die meisten Menschen haben die körperliche Fähigkeit zu hören, aber nicht annähernd so viele haben das Bewusstsein zu hören. Diejenigen, die das tun, bauen stärkere Beziehungen und Bindungen mit anderen auf. Wenn Sie wirklich einer anderen Person zuhören, senden Sie die Botschaft, dass Sie sie wertschätzen und was sie sagen und fühlen. Indem Sie einfühlsam zuhören, anstatt nur zu hören, ermutigen Sie den Sprecher, sich ohne Angst vor Kritik, Einschüchterung oder Unterbrechung vollständig auszudrücken. Sie bauen Vertrauen auf, das ein wesentlicher Bestandteil aller Beziehungen ist. Sie sind wirklich interessiert an dem, was sie sagen, und Sie beurteilen sie nicht.

2. Stellen Sie offene Fragen

Empathische Zuhörer kennen die Macht offener Fragen in einer Beziehung. Offene Fragen sollen eine sinnvolle Antwort ermöglichen, die aus dem Herzen und der Seele des Empfängers kommt. Die Antwort ist ohne jegliche Bedingung. Sie versuchen nicht, eine bestimmte Antwort vorherzusagen oder vorzugeben. Vielmehr möchten Sie eine authentische Antwort fördern. Dies sind sowohl für Sie als auch für den Sprecher wichtige Fragen. Sie schaffen eine Lernerfahrung für beide Parteien, weil sie Gedanken und Reflexionen hervorrufen. Sie entwickeln das Gespräch, indem sie Offenheit fördern.
Wenn Sie mehr über die Person herausfinden möchten, mit der Sie sprechen, einschließlich ihrer Träume, Wünsche, Bedürfnisse und Probleme, können Sie dies tun, indem Sie offene Fragen verwenden.

Indem Sie offene Fragen stellen, äußern Sie den Wunsch nach tiefer Kommunikation mit dem Empfänger. Sie zeigen Respekt und öffnen die Tür für die Zusammenarbeit.
Offene Fragen lassen die Beziehung wachsen, weil sie eine Brücke für Verständnis und effektive

Kommunikation bilden. Sie können offene Fragen mit einem geliebten Menschen verwenden, um Intimität aufzubauen. Sie können sie mit einem Chef verwenden, um Vertrauen aufzubauen und Interesse am Karrierewachstum auszudrücken. Die Möglichkeiten sind endlos, weil diese Fragen ein mächtiges Werkzeug sind, um persönliche Beziehungen zu pflegen.

Beispiel für eine geschlossene Frage: "Magst du ihn / sie?" - die Antwort ist entweder Ja oder Nein.

Beispiel für eine offene Frage: "Was ist es, was du an ihm magst oder nicht magst?" - die Antwort erfordert Nachdenken und wird wahrscheinlich tiefgründig sein mit Möglichkeiten zu hören, zu verstehen und vielleicht weitere Fragen zu untersuchen.

3. Reflektieren - zurück zum Verständnis

Empathische Zuhörer wirken immer wie ein Spiegel - reflektieren zurück, was sie glauben, dass der Sprecher sagt und fühlt, um nach Verständnis zu suchen. Reflektierendes Zuhören ist wichtig, weil es beide Parteien auf der gleichen Seite hält. Die Reflektion ermöglicht es dem Sprecher, zu verifizieren, dass Sie richtig hören, und es ermöglicht dem Zuhörer, festzustellen, ob der Sprecher vollständig verstanden wurde. Reflektierendes Zuhören hilft dem Sprecher, gehört zu werden und seinen Zweck in der Konversation zu erreichen.

Durch diese Art des Zuhörens können Sie dem Sprecher sogar helfen, eine Handlungsweise zu bestimmen oder seine Gefühle auf eine neue Ebene zu erforschen. Um diese Art des Zuhörens zu nutzen, nachdem der Sprecher einige Minuten lang gesprochen hat und zu einem natürlichen Stopp gekommen ist, fassen Sie zusammen, was Sie gehört haben und bitten Sie um Bestätigung, dass Sie richtig sind. Zum Beispiel könnten Sie sagen: "Wenn ich Sie also richtig verstehen, sind Sie frustriert, dass Sie am Wochenende keine Zeit alleine verbringen konnten. Habe ich richtig verstanden?"

Reflektierendes Zuhören ist für alle Beziehungen

wichtig. Es lässt den Sprecher wissen, dass er oder sie gehört und unterstützt und verstanden wurde. Reflektion hilft Feedback zu geben und ermöglicht dem Sprecher, tiefere Ausdrucksebenen zu erreichen. Wenn Sie gesunde Beziehungen aufbauen möchten, ist das reflektierende Zuhören ein einfacher Weg, um genau das zu erreichen.

4. Höre zu, ohne Ratschläge zu geben

Zuhören und Rat geben sind zwei grundsätzlich unterschiedliche Strategien.
Zuhören ermutigt die andere Person, ihre Geschichte aus ihrer Perspektive zu erzählen. Wenn du ein wahrer empathischer Zuhörer werden und erstaunliche Beziehungen pflegen willst, musst du die Kunst des Zuhörens erlernen, ohne zu lösen. Während Sie sich dazu gezwungen fühlen, Ratschläge zu geben oder das Problem des Sprechers zu lösen, ist dies keine effektive Methode, um mit Empathie zu kommunizieren, da es beim Zuhören nicht darum geht, die andere Person zu verändern.

Die richtige Körperhaltung

Verwenden Sie eine aktive Körpersprache, um zu zeigen, dass Sie zuhören. Beginnen Sie, indem Sie in der Nähe sitzen und dem Sprecher gegenüberstehen. Lehnen Sie sich ihn zu und nehmen Sie Blickkontakt auf. Stellen Sie sicher, dass Ihre Arme nicht gekreuzt sind, da dies dem Sprecher signalisieren kann, dass Sie geschlossen sind und nicht wirklich zuhören. Periodisches wiederholen oder Zusammenfassen, um weiterhin zu demonstrieren, dass Sie zugehört haben, was der Gesprächspartner zu sagen hatte.

Geben Sie der Person, die spricht, Ihre volle Aufmerksamkeit. Die Entscheidung, zu Beginn des Besuchs vollständig aufmerksam zu sein, verhindert, dass wichtige Probleme am Ende des Gesprächs auftauchen.
Sich wegzudrehen oder ohne Blickkontakt zu sprechen bzw. den Partner zu unterbrechen sind oftmals unsere Gewohnheit und definitiv Gesprächskiller.
Wir können zum Beispiel durch dass Notieren im Tagebuch oder durch ein aktives Eingeständnis und das Anvertrauen an jemanden, angeben dass wir diese Gewohnheiten an uns festgestellt haben und sie nun aktiv abgewöhnen wollen, um die Ernsthaftigkeit unseres Vorhabens zu untermauern.

7 Guter Wille versus schlechte Angewohnheit

Die aufgeführten Werkzeuge zur Erlangung von Emotionaler Intelligenz finden leider aufgrund vieler Angewohnheiten oftmals keine Anwendung.

Zunächst sollte man sich also bewusst werden, welche Hindernisse einen davon abhalten, einfach zuzuhören. Als Übung dazu schlagen wir vor, in geeigneten Gesprächen (z.B. nicht auf der Arbeitswelt, jedoch im Familien- und Freundeskreis) über einen Zeitraum von einem Monat hinweg, ausschließlich aktives Zuhören zu praktizieren.

Zwischen den Zeilen hören

Höre auf beides, was sie dir sagt und was sie will, dass du hörst. Indem du besser lernst, aufzupassen und auf das zu achten, was die Leute wirklich zu sagen versuchen, wirst du empathischer. Bewege die Gefühle anderer Menschen wenn du die Emotionen von Menschen um dich herum bewältigen kannst, hast du eine beeindruckende Fähigkeit.
Sie haben wahrscheinlich leitende Persönlichkeiten gesehen, die eine wütende Menge beruhigen können. Auf der anderen Seite haben Sie wahrscheinlich auch gesehen, wie manche Menschen die Emotionen anderer missverstehen können. Stellen Sie sich vor, wie oft ein schlecht vorbereiteter CEO eines Unternehmens in Krisenzeiten mit den Medien konfrontiert wurde. Indem sie die falsche Körpersprache nutzten, den falschen Tonfall verwendeten oder Antworten auf Fragen ausschlossen, sorgten diese Führer dafür, dass die Menschen, die zusahen, sich genervter oder verärgerter fühlten. Die Gefühle anderer zu managen, ist ein zweistufiger Prozess. Folge einfach diesen Schritten: Steigere deine Empathie. Sie müssen sich in die Schuhe des anderen versetzen und seinen Schmerz, seine Freude, Hoffnungen oder Ängste fühlen. Ein Weg ist, Fragen zu stellen. Lerne, was du kannst, indem du

fragst und beobachtest. Mag er Sport? Was sind seine Lieblingsaktivitäten? Welche Lebensmittel mag er? Was macht sie glücklich oder traurig? Was ist sein Lebensziel, seine Sorgen?

Kenne deine eigenen Impulse

Deine eigenen Emotionen, insbesondere Impulsivität zu managen, bietet eine weitere Säule der emotionalen Intelligenz (zusätzlich zu deinen Emotionen und den Emotionen anderer Menschen). Indem Sie emotional selbstbewusster werden, bereiten Sie sich besser auf das emotionale Selbstmanagement vor. Du kannst deine Impulse auf drei verschiedene Arten steuern: Ablenkung: Wenn du ein Problem mit der Impulskontrolle bemerkst, kannst du am schnellsten damit umgehen, indem du dich ablenkst. Verschieben Sie Ihr Denken, indem Sie bis zehn zählen oder sich auf vorbereitete ablenkende Gedanken konzentrieren. Du kannst dich selbst trainieren, um schnell deine Gedanken zu ändern, oder das Thema, wenn du dich in einem Gespräch mit etwas wie dem Wetter, dem, was du zum Frühstück gegessen hast, und wo du hingehst.

Sei flexibler

Jeder hat Routinen und Wege, Dinge zu tun. Damit eine Gesellschaft effizient funktionieren kann, bedarf es einiger Regeln und Vorschriften. Sie können jedoch Probleme verursachen, wenn Sie in einem Verhaltensmuster steckenbleiben und unflexibel darin werden, sich zu ändern. Wenn Sie zu starr sind, verpassen Sie Chancen, zum Erlernen neuer Techniken und Herangehensweisen und neigen dazu, sich mit persönlichen und beruflichen Problemen auf die gleiche, manchmal unproduktive Weise auseinanderzusetzen.

Sei bereit dich zu ändern

Um emotional intelligent zu sein, muss man wissen, wann man an etwas festhalten sollte und wann man seine emotionalen Bindungen wechseln sollte. Wenn es Zeit ist weiterzuziehen, können Menschen mit einer hohen emotionalen Intelligenz diese Anpassung oftmals leichter vornehmen.

Wenn Sie Schwierigkeiten haben, betrachten Sie die möglichen Konsequenzen. Was könnte passieren, wenn du beim Status quo bleibst? Auf der anderen Seite, wo könnten Sie sein, wenn Sie sich ändern? Was würde diese Änderung bewirken?
Veränderung ist Teil des Wachstums. Im Laufe des

Lebens können neue Erfahrungen und neue Möglichkeiten persönliche und berufliche Erfüllung bringen, und Sie müssen für diese Veränderungen offen sein. Obwohl es für Sie unangenehm ist, neue Dinge auszuprobieren, finden die meisten Menschen die kurzfristigen Schmerzen als langfristigen Gewinn.
Teil des Wachstums als eine Person beinhaltet das Erlernen neuer Fähigkeiten und Ansätze und das Erleben neuer Beziehungen und Orte.

Sei glücklich

Wie glücklich bist du? Hand auf's Herz,
wie glücklich bist du, auf einer Skala von 1 bis 10?
Eine 5 oder eine 7?
Wie wäre es mit einer 9?

Menschen mit emotionaler Intelligenz sind glückliche Menschen. Und sie sind nicht nur glücklich, weil ihnen gute Dinge passieren.

Glück (echtes Glück, das sich in deinem Körper wie ein warmes, angenehmes Gefühl anfühlt) kommt von innen heraus. Eine Person, die diese Emotion erfährt, wacht morgens glücklich auf. Und wenn jemand den ganzen Tag Herausforderungen begegnet, kann er weiterhin ein gewisses Maß an Glück aufrechterhalten. In der Tat, sein Glück bringt ihn in die rechte Stimmung, wenn er den Prüfungen und Schwierigkeiten des täglichen

Lebens begegnet, und er hält seinen Geist klar und frei, so dass er sich nicht in unproduktives Selbstmitleid oder andere nicht hilfreiche Emotionen verfängt. Glückliche Menschen haben mehr Lösungen für Probleme als traurige oder depressive Menschen.

Intelligenz steuert Emotionen

Obwohl traurige Menschen im Allgemeinen mehr auf Details achten als glückliche Menschen, erreichen glückliche Menschen mehr als traurige Menschen. Da Glück und Traurigkeit Emotionen sind, schwanken sie natürlich. So können Sie Ihre Stimmung kontrollieren, um Ihrem eigenen Zweck zu dienen. Um emotional intelligent zu sein, muss man wissen, wann man glücklich, traurig, aufgeregt, ängstlich oder sogar wachsam ist. Die Intelligenz sollte dem Fühlen, Denken und Wollen übergeordnet sein.

Menschen bevorzugen es, mit anderen Menschen zusammen zu sein, die glücklich sind. Glückliche Führer haben Anhänger, die sehr engagiert sind. Die Menschen werden dich mehr zu schätzen wissen und du wirst schwierige Zeiten leichter bewältigen können, du wirst dich besser fühlen, und du wirst für andere hilfreicher sein. Insgesamt erfolgreicher auf verschiedenen Ebenen. Forschung zeigt sogar, dass glückliche Menschen länger leben (oder depressive Menschen sterben früher).

Sehr wenige Menschen wissen wirklich, wie sie mit ihrem Glück umgehen sollen.
Menschen assoziieren allzu oft Glück mit materiellen Gütern. Sie definieren ihre Existenz dadurch, dass Sie etwas besitzen. Erst können Sie richtig sein. Die wirklich glücklichen Menschen sind Geber. Die Menschen, die Glück verbreiten, sind selbst glücklicher.

Hoffentlich erinnern Sie sich, während Sie Ihre emotionale Intelligenz entwickeln, dass es Sie nichts kostet, Glück zu verbreiten. Das, was Sie dafür erhalten, ist unbezahlbar.

8 Weiterführende Literatur

Marc A. Pletzer
Emotionale Intelligenz: Das Trainingsbuch (Haufe Sachbuch Wirtschaft)

Daniel Goldman
EQ. Emotionale Intelligenz

Carsten Voller
Emotionale Intelligenz erhöhen: Emotionen wahrnehmen, verstehen und ausdrücken

Fabian Wollschläger
Emotionale Intelligenz - Wie du die Kontrolle über dein Glück zurückgewinnst

Travis Bradberry und 1 weitere
Emotionale Intelligenz 2.0: Erhöhen Sie Ihre Sozialkompetenz und verbessern Sie Ihre Kommunikation

Kontakt: Andreas Walter/ Danziger Str. 26/ 31618 Liebenau
Covergestaltung: Nehara
Coverfoto: shutterstock.com

30928650R00028

Printed in Poland
by Amazon Fulfillment
Poland Sp. z o.o., Wrocław